TRANSFORMATION SOCIALE

REVOLUTIONS DES XVIIIe ET XIXe SIÈCLES

Par CONTY

PARIS
ADOLPHE DELAHAYS, LIBRAIRE-ÉDITEUR
4-6, RUE VOLTAIRE, 4-6

1859

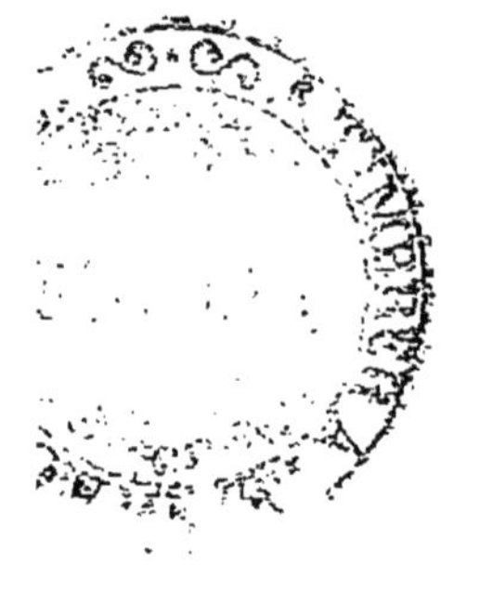

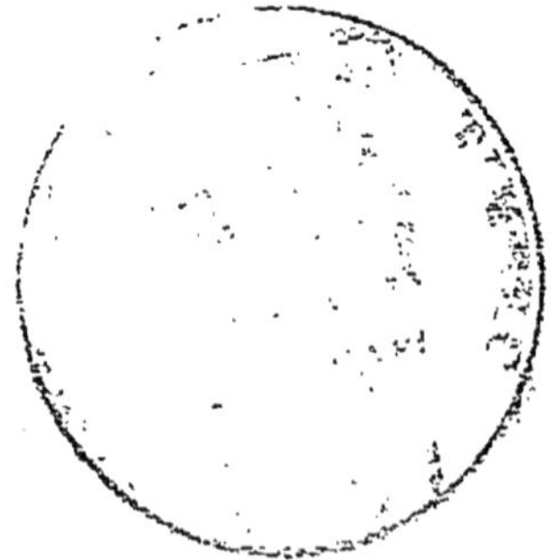

TRANSFORMATION SOCIALE

Rien de stable ici-bas, le monde change et varie sans cesse. Les peuples, qui le composent, éprouvent ordinairement des changements lents, gradués et peu sensibles. Cependant à certaines époques plus ou moins éloignées, ces changements sont prompts et tranchés.

Nous traversons, croyons-nous, une de ces époques, dites de transition, qui servent comme de jalons dans l'histoire des sociétés humaines. Les peuples, et surtout les peuples civilisés paraissent subir, en ce temps-ci, une transformation destinée à remuer le monde entier et à le pousser dans les voies de la civilisation. Cette époque à laquelle des éléments nouveaux viennent prêter leur concours, offre peu de points de comparaison avec celles qui l'ont précédée. Elle pourrait s'appeler l'époque de l'Emancipation.

La plupart des nations étaient ou sont encore régies suivant une organisation qui résultait de la conquête ou qui provenait de l'autorité à la fois civile et religieuse du clergé.

L'ancien ordre de choses et les positions privilégiées, qui l'établissaient, sont vivement attaquées dans presque tous les États de l'Europe. En France et en quelques autres pays, ils sont entièrement renversés; mais ils y ont laissé des traces profondes qui s'effaceront difficilement.

Nous nous proposons de passer brièvement en revue les principales causes des événements qui se déroulent sous nos yeux. Nous ne donnerons pas à notre travail de grands développements, les longs ouvrages nous font peur. Nous laisserons donc beaucoup à faire au lecteur pour tirer, des propositions et des considérations que nous allons exposer, les conséquences qui pourront en dériver. Nous nous occuperons d'abord des nombreuses révolutions qui se produisent en Europe, par suite de la lutte engagée entre l'ancien ordre de choses et celui qui tend à s'établir.

Nous ferons voir ensuite combien sont faibles et chancelantes de nos jours, les bases des anciennes institutions. Nous signalerons les puissances nouvelles qui sont intervenues dans la direction des affaires de ce monde, telles que les sciences, les arts et l'industrie, dont les merveilleuses découvertes ont fourni des armes irrésistibles à l'opinion publique, aujourd'hui reine du monde.

Nous aurons à nous occuper de faits contemporains et à toucher à des questions délicates. Une certaine réserve nous sera donc imposée. Nous pourrons ne pas dire toute notre pensée ; mais il ne sortira pas de notre plume un mot contraire à nos convictions.

Depuis trois quarts de siècle, des révolutions successives ont éclaté dans divers États de l'Europe et particulièrement en France. En considérant le retour pour ainsi dire périodique de ces mouvements révolutionnaires, n'est-il pas permis de se demander, si nous ne sommes pas fatalement voués à subir une suite indéfinie de révolutions.

En 1789, la révolution française, qui ouvrit l'ère révolutionnaire, ne trouva point d'imitateurs parmi les autres nations, qui néanmoins en ressentirent une vive commotion.

En 1820, nous avons vu les royaumes de Naples,

de Sardaigne et d'Espagne se soulever en même temps contre leur gouvernement.

En 1830, la France, la Pologne et la Belgique s'insurgèrent.

En 1848, une autre révolution française, qui surgit sans motifs fondés, devint cependant le signal d'autres révolutions qui éclatèrent dans la plupart des États de l'Europe.

Cette simultanéité dans l'explosion des révolutions, chez des nations, ayant des mœurs et des lois différentes, fournit la preuve de dispositions uniformes dans les esprits, et est, suivant nous, quelque chose de bien remarquable et de fort significatif. Après avoir reconnu le mal, on est porté naturellement à en rechercher les causes et à examiner s'il n'est pas possible d'y porter remède.

La principale cause de ces révolutions, c'est l'imprimerie. L'imprimerie c'est l'arbre de la science, l'arbre du bien et du mal. L'imprimerie, parvenue au degré de développemeut où elle est arrivée aujourd'hui, répand à profusion les œuvres de l'esprit humain, œuvres bonnes et mauvaises, nous le savons; c'est à la raison humaine à faire un choix. — L'homme est appelé par les progrès de la civilisation, à entendre le pour et le contre en toutes choses, et à user de son libre arbitre.

Par l'imprimerie s'opère la diffusion des lumières, — l'imprimerie, en publiant toutes les idées, toutes les pensées qui peuvent occuper l'esprit des hommes, finit pourtant par faire prévaloir la vérité et la raison. — Par elle se propagent les idées de liberté qui ressortent d'un grand nombre des écrits qu'elle publie, et surtout des chefs-d'œuvre que l'antiquité nous a transmis; — ces idées de liberté pénètrent de proche en proche dans presque tous les rangs de la société.

Qu'on y fasse bien attention ; les conséquences de cette transmission d'idées, ont une portée politique immense.

Les gouvernements despotiques, et qui ont pu nous paraître peu éclairés, ont bien senti néanmoins les effets que pouvaient produire sur leurs sujets, les communications et les rapports qu'ils auraient avec des peuples civilisés. Ce n'est pas sans raison que les empereurs du Japon, de la Chine, voire même l'Empereur de Russie, souffrent le moins possible les relations de leurs sujets avec les étrangers.

A mesure que l'imprimerie prend de plus grands développements, les souverains éprouvent des difficultés plus grandes à gouverner leur empire. — Nous croyons que ce serait vainement aujourd'hui qu'on essayerait d'arrêter la circulation des produits de l'imprimerie ; ils échapperaient aux recherches les plus rigoureuses, d'ailleurs il serait impossible de détruire ceux qui existent, et qui sont répandus dans une quantité de mains innombrable, et ces œuvres, antérieures à notre époque, suffiraient pour conserver les idées qu'on voudrait anéantir.

Le gouvernement de Napoléon Ier, tout puissant qu'il était, n'eut sans doute réussi, que pour un temps limité, à changer le cours des idées. La Presse, libre dans un seul état de l'Europe en paix, aurait peut-être suffi pour miner dans sa base son pouvoir colossal. Dans tous les cas, elle eut modéré ces flatteries excessives et funestes qui faisaient de sa personne, l'*élu de Dieu*, *la loi vivante*.

La Presse des journaux, quoique contenue dans certaines bornes, contribue néanmoins, en s'occupant des affaires publiques, à l'extension des idées de liberté; les journaux indépendants ne sont pas sans produire aussi quelques effets dans le même sens, au-delà des frontières des états où ils s'impriment; la presse, même censurée, sert néanmoins la cause de la liberté. — La tendance des esprits ressort malgré tout des écrits publiés.

Ainsi, nombre d'ouvrages excitaient le mécontentement de Napoléon Ier, qui traitait leurs auteurs d'idéologues, et cependant ces ouvrages avaient été soumis à une censure rigoureuse.

Le mouvement dans lequel l'Europe est entraînée, pourra-t-il être comprimé et repoussé en sens contraire ? nous ne le croyons pas.

Pendant la dernière partie du Moyen Age et longtemps encore après l'époque de la Renaissance, la pensée était circonscrite dans un cercle de fer.

Le clergé, nombreux et à peu près seul instruit, avait en quelque sorte la direction exclusive des esprits ; ses prédications et surtout la confession, lui donnaient une autorité immense sur les populations. — Il ne voulait tolérer aucune contradiction; malheur aux audacieux qui osaient le contredire, ils s'exposaient à être condamnés comme hérétiques au supplice du feu. Cette compression violente ne put cependant conserver à Rome, la domination générale qu'elle exerçait sur les consciences : — des dissidences se produisirent et se propagèrent ; il s'ensuivit des luttes à jamais déplorables, qui furent signalées par des guerres, des massacres et des supplices.

Enfin, grâce aux progrès des lumières, la raison et le bon sens pénétrèrent peu à peu dans les masses, et on est arrivé à être à peu près d'accord sur ce point : que la foi et les croyances religieuses doivent être déterminées par la persuasion et non par la contrainte ; que la religion de l'Évangile ne doit avoir rien de commun avec la force brutale et matérielle.

Pour parvenir à ce résultat, il a fallu qu'il s'opérât dans les esprits une révolution, dont la plus grande part doit être justement attribuée à la Presse.

Ainsi que nous l'avons dit, et le fait nous paraît incontestable, la Presse a été pour beaucoup dans la propagation des idées de liberté. — Sans avoir donné naissance à ces idées qui, du reste, ne sont pas nouvelles, elle les a répandues, propagées et rendues communes à une portion considérable de la population.

De tout temps, les peuples ont dû désirer obtenir des garanties, pour leur personne et leur propriété, contre le pouvoir arbitraire de leurs chefs, garanties qui ne pouvaient résulter que d'institutions de liberté. De tout temps, on a dû reconnaître le danger auquel le pouvoir absolu exposait la chose publique. On a dû sentir le besoin de lui opposer un contre-poids, c'est ainsi qu'en France les États-généraux et après eux les Parlements ont toujours cherché à opposer des digues à l'autorité envahissante de la Couronne. Les classes inférieures de la société, que les faits matériels et personnels touchent presque exclusivement, s'occupaient peu des affaires publiques, et ne cherchaient point leur sécurité et leur bien-être dans des combinaisons politiques ou civiles ; mais aujourd'hui il n'en est point ainsi.

La Presse attire l'attention des esprits sur les questions politiques, et des idées de liberté ont germé et pris du développement dans toutes les têtes. Ces idées ont dû ou devront se réaliser dans un temps donné.

La marche vers ce but n'est pas toujours régulière, le mouvement est quelquefois rétrograde; mais en définitive on avance malgré les obstacles créés par ceux qui voudraient reculer, et par ceux qui veulent aller trop vite. — S'il est fait un pas en arrière, il est plus que compensé par la marche en avant des générations nouvelles, dans les têtes desquelles sont inculqués les principes de liberté, puisés dans les ouvrages qui ont servi à leur éducation. Elles reprendraient la tâche qu'auraient abandonnée leurs pères; comme aussi la conformité des gouvernements dans les États de l'Europe va se réalisant de plus en plus.

Napoléon Ier avait bien reconnu cette tendance irrésistible des nations européennes, en faveur d'institutions uniformes, lorsqu'il disait que dans un temps donné, l'Europe serait *république ou cosaque.*

Si toute l'Europe doit adopter des formes gouvernementales du même genre, quelles seront celles qui prévaudront? retournera-t-on aux institutions des anciennes monarchies, ou parviendra-t-on à établir des gouvernements constitutionnels. Nous ne croyons pas qu'il puisse y avoir incertitude dans la solution à donner à ces questions.

Une lutte déjà ancienne existe à ce sujet entre les divers États de l'Europe. Nous avons vu et nous verrons encore l'Europe séparée en deux camps : d'un côté seront les monarchies absolues, de l'autre les gouvernements de liberté.

L'Angleterre marche à la tête de ces derniers et

cherche à s'assimiler d'autres États. Elle tire une grande force de la position qu'elle a prise dans la lutte. Elle ne se fait pas faute d'exercer au besoin une importante action sur les peuples, à l'encontre de leur gouvernement. Déjà un certain nombre de nations se sont rangées du même côté qu'elle. Les partisans des monarchies absolues peuvent-ils raisonnablement espérer de regagner le terrain qu'ils ont perdu ?

A ceux qui voudraient nous faire reculer et nous reporter aux institutions anciennes, nous dirons : vous n'avez pu arrêter la révolution à sa naissance, lorsque tout était organisé, pour maintenir l'ancien ordre de choses, et vous voudriez aujourd'hui, lorsqu'un régime nouveau est établi et trouve des points d'appui de tous côtés, revenir au passé ! Non, non, n'essayez point d'arrêter la révolution dans son cours, guidez-la s'il vous est possible, mais ne lui opposez point des digues qu'elle aurait bientôt renversées. Ne voyez-vous pas que la démocratie déborde et nous envahit de toutes parts ; ne faites point obstacle à ses progrès, vous seriez submergés. Préparez plutôt le terrain sur lequel elle doit s'asseoir pour qu'elle y cause le moins de désordre possible.

En examinant les résultats produits par l'imprimerie, notre intention n'est pas de les approuver tous. — Nous ne pouvons nous refuser à reconnaître que la Presse des journaux n'est pas exempte de méfaits. Imprudemment affranchie d'une législation qui en réprimait les écarts, elle s'est livrée à des excès déplorables ; elle a en quelque sorte justifié les craintes qu'elle inspire ; cependant contenue de nouveau dans de justes bornes, elle pourrait rendre d'utiles services. N'oublions pas que c'est à la liberté de la Presse, qui existe dans quelques États européens, qu'est dûe, au moins en partie, la modération avec laquelle sont en général gouvernés les peuples de l'Europe.

C'est cette même liberté, suivant nous, qui rendrait difficiles aujourd'hui, parmi les peuples civilisés, les guerres d'ambition et de conquête qui ont, pendant si longtemps, ensanglanté le monde.

Les conquérants tiennent la Presse asservie. Ayant seuls la parole, ils ont toujours raison aux yeux de leur peuple.

Les peuples commencent à comprendre qu'ils n'ont rien à gagner aux guerres de conquêtes. — Ils sacrifient leurs enfants, la portion la plus vigoureuse de la société; ils portent le despotisme militaire chez leurs voisins, mais ils ont presque toujours à le subir chez eux, et si le sort des combats leur est assez longtemps favorable, ils finissent par provoquer contre eux une coalition générale de leurs ennemis; — et après avoir épuisé leurs forces et leurs ressources dans des luttes sans fin, ils arrivent, eux qui visaient à la conquête du monde, à se trouver impuissants à défendre leur propre territoire.

Voilà en deux mots l'histoire la plus ordinaire des conquêtes et des conquérants.

Vous perdez votre temps, nous dira-t-on, vous abordez un sujet dont se sont occupés sans succès mille autres avant vous. Oui, sans doute, mais le temps n'était pas arrivé où ces vérités si simples, pouvaient être entendues et comprises; pour qu'elles attirassent notre attention, il fallait que nous eussions passé par les rudes et salutaires épreuves de la mauvaise fortune. — D'ailleurs, les esprits avaient été faussés par des poëtes, des historiens et aussi par des ministres de la religion qui, l'évangile sous les yeux, célébraient en chaire les hauts faits des conquérants.

Enfin les lumières et la raison ont fait quelques progrès, à une époque où l'on ose soulever la question de savoir, si de grands conquérants ne sont pas de grands fous; — sans en être encore bien loin, nous ne sommes plus au temps où les folies guerrières de l'espèce humaine paraissaient tellement incurables, que les prédicateurs de la paix étaient bafoués, ou pour le moins traités d'utopistes.

Suivant de mauvais guides, l'homme glorifiait les conquérants, ses oppresseurs, et contribuait ainsi à son propre malheur. Il rompra entièrement, nous l'espérons, avec des traditions funestes et, guidé désormais par le plus simple bon sens, il n'accordera plus follement son encens à des idoles qui exigent le sacrifice de tant de sang humain.

Grâce à Dieu, ce n'est plus par des guerres de conquêtes qu'un souverain peut illustrer son règne; s'il veut se faire un grand nom dans l'histoire, il devra chercher une autre carrière à son ambition; que la paix à donner et à assurer au monde, soit le but de ses nobles efforts; qu'il reprenne et mène à fin l'œuvre de pacification projetée par Henri IV, et il pourra se promettre à juste titre une gloire non contestée. Elle n'aura provoqué que des bénédictions. L'ordre et la liberté sont aussi l'objet de tous les vœux. Celui qui pourrait réaliser de tels vœux serait le plus grand des mortels. En marchant vers ce but, si beau et si difficile à atteindre, qu'il porte haut sa bannière. Il n'est personne qui ne s'enrôle sous un pareil drapeau. C'est celui que voulaient arborer nos pères, il y a plus d'un demi-siècle; c'est le drapeau de 89. — Que Dieu vienne en aide à celui qui poursuivra un tel projet.

La dernière guerre européenne vient confirmer les idées que nous émettons ici. Au commencement de cette guerre on faisait à l'avance, au profit des puissances victorieuses, le partage des provinces conquises. Il a fallu un certain temps et de nombreuses protestations pour détromper les esprits et faire reconnaître que le but de la guerre n'avait point été des conquêtes à faire, mais seulement d'arrêter d'ambitieux projets d'envahissement.

Il y a peu de probabilité en faveur d'une prochaine guerre. Les guerres de nos jours sont trop coûteuses, même pour le vainqueur.

Les contributions de guerre, les provinces à acquérir par la conquête, ne paraissent pas devoir être, autant que par le passé, les fruits de la victoire.

Avant ce jour, et à des époques plus ou moins éloignées, les résultats de la guerre ont éprouvé des changements remarquables. Dans les temps anciens, les peuples vaincus étaient réduits à l'esclavage. A une époque moins éloignée de nous, ils étaient placés sous le régime du servage et dépossédés de leurs biens. On a renoncé successivement à ces conséquences odieuses de la guerre. Les conditions imposées par le vainqueur, ont été toujours en se modifiant, dans un sens de plus en plus favorable à l'humanité. Nous croyons qu'à l'avenir, continuant de marcher dans le même sens, les nations libres ne tendront plus à soumettre à leur domination d'autres États. La force armée qu'elles seraient obligées d'employer pour exercer cette domination, exposerait à des dangers réels les libertés dont elles jouissent. Ainsi les États-Unis de l'Amérique, qui ne sont pas toujours à citer comme modèle, ne cherchent point à faire des conquêtes et à rendre d'autres nations leurs tributaires. Ils s'adjoignent des États qu'ils laissent se gouverner par eux-mêmes.

Si la guerre ne produit plus les mêmes effets, l'état de choses qu'elle a créé n'est pas encore aboli dans tous les états de l'Europe. En France, le servage n'existe plus et n'a cependant entièrement disparu qu'au temps du règne de Louis XVI; non sans y laisser quelques traces difficiles à effacer.

L'Angleterre, comprenant la position nouvelle que font aux nations civilisées et que préparent au monde entier les découvertes scientifiques et les inventions industrielles, s'engage résolument dans la voie du progrès. Elle pousse, autant que possible, à l'établissement des gouvernements libres chez tous les peuples. Depuis plus d'un quart de siécle elle pratique chez elle les plus larges réformes.

Autant que la prudence le permet, elle étend à ses colonies le régime de liberté dont jouit la métropole. Elle marche, nous le répétons, en tête des États libres de l'Europe. C'est en poursuivant ce plan de conduite, qui n'est pas à approuver sans réserve, qu'elle offre un refuge à tous les proscrits qui, sur le sol britannique, peuvent, en toute liberté, parler, écrire et même conspirer si bon leur semble, contre le gouvernement de leur pays, sans avoir à craindre ni expulsion, ni extradition.

Si l'Angleterre en agit ainsi, elle qui subordonne sa politique à ses intérêts commerciaux et qui veut faire de la Grande-Bretagne le centre du commerce du monde, c'est qu'elle prévoit certainement dans un avenir prochain, le triomphe des gouvernements libres. Si les gouvernements absolus devaient prévaloir, l'Angleterre serait exposée à perdre une grande partie de son influence en Europe, et à voir sa prépondérance remplacée par l'isolement. Ses hommes d'état, à longue portée de vue, ne se trompent assurément pas dans leurs prévisions.

Il est des souverains qui cherchent à se tenir dans une position mixte entre les gouvernements absolus et les gouvernements de liberté. Cette situation ne peut être de longue durée. Il leur faut opter ; car, suivant l'opinion de Napoléon Ier, que nous avons rapportée plus haut, toute l'Europe sera libre, ou toute l'Europe sera soumise au pouvoir absolu. La vapeur et l'électricité viennent résoudre l'alternative en faveur des États libres.

Les souverains absolus auront beau faire, des cordons sanitaires, des lignes douanières doubles et triples, des murailles de la Chine, ne sauraient préserver leurs sujets de la contagion des idées nouvelles.

A quoi leur aura servi de se retrancher dans l'isolement? A tenir leur peuple dépourvu de commerce et d'industrie, par conséquent dans un état relatif de faiblesse vis-à-vis des autres nations, et aussi, croyons-nous, dans un état comparatif d'infériorité morale et matérielle.

Malheureusement, il n'est pas dans la nature du pouvoir absolu de s'imposer volontairement des bornes. De cette considération on peut conclure, que la réforme des gouvernements absolus n'aura probablement pas lieu sans le funeste accompagnement de mouvements révolutionnaires. Veuillent les peuples et les souverains agir de telle sorte qu'il en soit autrement!

Il est évident que les conditions dans lesquelles se trouvent placées les sociétés européennes, ne sont plus les mêmes qu'autrefois, elles ont éprouvé de grands changements. Une grande partie des populations a été successivement soumise à l'esclavage, au servage, à la vassalité et enfin à une certaine sujétion envers des classes privilégiées. Ceux qui ont été placés dans de telles conditions ne veulent plus aujourd'hui reconnaître aucune dépendance, aucune supériorité. Ils prétendent à une égalité complète de droits.

Depuis nombre de siècles, les sociétés ont été en se modifiant dans le sens du nivellement des droits et des devoirs pour tous indistinctement.

Nous constatons des faits, sans vouloir entrer ici dans aucune discussion, sur les bons ou mauvais effets qu'ils peuvent produire.

En France, chaque jour une certaine portion de la population arrive à un niveau plus élevé d'intelligence, d'instruction et d'aisance. — Nombre d'hommes, sortis des rangs secondaires ou inférieurs de la société, parviennent, par leurs mérites, à de hautes positions sociales.

Les distances qui séparaient les différentes classes de la société, diminuent graduellement. Il n'est aucune partie de la population qui ne participe, plus ou moins, au mouvement que nous signalons.

Vouloir gouverner les hommes suivant des institutions d'un autre âge, et les conduire suivant des régles et une discipline plus ou moins convenables, il y a plusieurs siècles, c'est vouloir l'impossible. Les populations ne se mènent plus aujourd'hui comme un berger mène son troupeau : à tort ou à raison, elles veulent juger un peu par elles-mêmes et raisonner avec les pasteurs qui s'offrent pour les conduire ; comme aussi elles ont eu depuis longtemps la prétention d'être gouvernées par d'autres motifs que ceux du bon plaisir, autrefois formulé comme un titre à leur obéissance.

Aujourd'hui, les souverains de l'Europe ont à compter avec leurs sujets et se croyent obligés de baser leurs ordonnances sur des motifs plus rationnels. Les potentats de l'Orient même, n'échappent pas tous à cette obligation. Il est telle déclaration de l'Empereur de Turquie, que nous pourrions citer, qui ne serait pas désavouée par le chef d'un État libre. Est-ce un bien, est-ce un mal qu'il en soit ainsi? Que d'autres décident cette question; nous nous bornons ici à citer des faits.

En nous renfermant dans notre sujet, nous devons nous occuper d'une institution qui tient ou tenait une grande place dans l'organisation des sociétés européennes.

La noblesse, qui tirait son origine de la conquête, opposait, en France, une barrière puissante aux dispositions révolutionnaires. Pourvue des commandements civils et militaires, elle devait fournir un solide appui au trône; ses droits et ses privilèges héréditaires se trouvaient liés à ceux de la couronne.—Cette base de stabilité est aujourd'hui détruite et ne peut être rétablie. Aucune preuve de quartiers de noblesse n'est plus exigée pour l'admission à telle ou telle fonction.

Nous n'avons plus d'officiers de fortune arrivés, par exception, aux grades dans l'armée; les prélatures ne sont plus comme autrefois, le patrimoine des cadets de familles nobles. Les cardinaux, les archevêques et évêques français sont, pour la plupart, fils de modestes cultivateurs ou d'artisans.

L'égalité des droits, définitivement acquise, est passée dans nos lois et dans nos mœurs. — La race conquérante et la race conquise se trouvent placées au même niveau suivant la loi. Il est à croire que l'Europe entière verra bientôt disparaître les privilèges nobiliaires et la division des populations en castes, qui ne peuvent tenir longtemps devant les progrès de la civilisation. Ceux, en grand nombre, auxquels la démocratie a ouvert l'accès à des positions élevées, pourraient-ils, sans inconséquence, se montrer contraires à ce régime ? Ils paraîtraient vouloir tirer l'échelle après être montés.

S'il était fait quelques tentatives en France, pour rétablir la noblesse, les résultats favorables qui seraient obtenus, ne seraient pas d'une longue durée. Une génération nouvelle déferait ce qu'aurait fait sa devancière ; c'est à peu près ce qui a eu lieu depuis 1789. Ne léguons pas, s'il est possible, à nos descendants, la tâche d'avoir à reconquérir et à faire revivre les grands et généreux principes de 89, principes auxquels il a été dérogé, lors de la création des majorats, en faveur d'une nouvelle noblesse.

S'il ne s'agissait que de titres honorifiques et personnels, nous n'y verrions pas de grands inconvénients : c'est une petite satisfaction qui peut être concédée à la vanité humaine. Mais sans droits et privilèges héréditaires, les titres de noblesse sont de peu d'importance. Si on veut créer une véritable noblesse, il faut que ces titres soient appuyés sur une certaine fortune. De là, résulte la nécessité d'établir des substitutions et de rendre des biens inaliénables ; autrement nombre de nobles tomberaient dans la pauvreté et leurs titres dans l'avilissement.

Notre attention doit se porter aussi sur le corps du Clergé, qui formait le premier des trois ordres dont la nation française se composait. Il contribuait au maintien de l'ordre établi, par sa domination sur les esprits ; son influence est fort affaiblie. S'il veut marcher en sens contraire de l'opinion publique, il est abandonné par les populations qui lui deviennent hostiles, comme cela s'est vu dans les dernières années de la restauration, et en 1830.

Quant au Tiers-État, il n'était rien dans l'ordre politique, si ce n'est pour supporter presque toutes les charges de l'impôt. —La nation était divisée en différentes classes et dans chaque classe, chacun regardait sa position comme établie héréditairement ; personne ne songeait à en changer. Cet état de choses fournissait des bases et des fondements solides aux gouvernements d'alors ; pour les renverser, on a rencontré le concours de la noblesse elle-même, qui a contribué, sans le savoir, à sa propre ruine, en accueillant avec grande faveur, les œuvres des philosophes du XVIIIme siècle.

Chose bien digne de remarque, ceux dont les écrits ont ébranlé les trônes et les autels, ont été honorés, protégés par les souverains les plus célèbres de l'époque, par le grand Frédéric et Catherine II de Russie, même aussi par un pape, Benoit XIV, qui accepta des dédicaces de Voltaire; tant il est vrai que les prévisions humaines ont peu de portée !

Les suffrages donnés par les têtes couronnées, valurent aux écrits de ces auteurs une vogue inouïe. — L'influence qu'ils exercèrent sur les esprits ne peut être méconnue.

Des causes diverses concourent aux révolutions ; elles se rencontrent souvent et en même temps dans les partis opposés.

Si le mouvement qui porte les peuples vers un ordre de choses nouveau, vers des institutions de liberté, est irrésistible, et nous croyons qu'il l'est en effet, les fauteurs de révolutions, ainsi que nous l'avons dit, sont autant parmi les retardataires qui veulent rester stationnaires ou reculer, que parmi ceux qui veulent marcher trop vite ou aller trop loin.

Les non-révolutionnaires sont, suivant nous, les

partisans de réformes graduelles et modérées, opérées en temps opportun et telles que les rendent nécessaires les progrès de la civilisation.

Les familles nobles doivent naturellement se trouver dans les rangs des retardataires ; elles ont beaucoup perdu à la première révolution. Elles ont à regretter les grands patronages et les hautes influences qu'elles exerçaient et qu'elles transmettaient héréditairement à leurs descendants. — Ces avantages considérables ne résultent plus aujourd'hui de privilèges ; ils sont le fruit de la science, de l'industrie et du travail ; ils appartiennent à tous ceux qui savent les conquérir.

Le clergé catholique a, lui aussi, beaucoup perdu à nos révolutions ; on ne doit donc pas être étonné de le rencontrer parmi les partisans du passé ; des personnes veulent même le considérer comme défavorable aux progrès de la civilisation. A l'appui de leur avis, elles font comparer l'Angleterre, la Hollande, les États du nord de l'Allemagne, où des cultes dissidents et la tolérance religieuse sont établis, avec l'Espagne, Rome et Naples, où le clergé catholique est seul chargé de la direction morale et religieuse des populations. Elles demandent dans lesquels de ces États la civilisation a le plus progressé.

Loin de nous de vouloir tirer de ces faits aucune induction contre la religion du Christ et contre l'Évangile qui en est la pierre fondamentale : ils sont hors de toute atteinte, mais parmi les interprètes si nombreux et si peu d'accord entre eux de ce livre sacré, il en est qui se trompent. Avec le temps, les passions humaines ont introduit de l'alliage dans l'interprétation de ce livre destiné à civiliser le monde.

Ils se trompent ceux qui laissent s'écarter, des voies de la civilisation, les populations confiées à leurs soins exclusifs; ils se trompaient ceux sous l'influence desquels avaient lieu ces actes de barbares sauvageries appelés auto-da-fé ; ils se trompaient aussi ceux qui dominaient en France avec madame de Maintenon, alors qu'il fallait croire, suivant l'ordre du prince, ou souffrir les persécutions les plus violentes.

Après ce que nous venons de dire, nous devons nous empresser de rendre au clergé français de notre époque la justice qui lui est due. Presque tous ses membres se distinguent par d'éminentes vertus dont on ne leur tient pas assez compte. Leur moralité, leur zèle charitable doivent leur mériter nos respects. Malheureusement ces bonnes qualités ne sont point exclusives de l'esprit d'intolérance et de domination qui, en effet, peut être reproché à un assez grand nombre d'entr'eux et particulièrement à certains ordres religieux.

Nous ne croyons pas inutile de faire observer ici qu'il n'est point entré dans nos vues, d'incriminer les intentions de ceux qui sont cause des maux que nous avons signalés. Nous sommes au contraire convaincu qu'ils se proposaient un but favorable à l'humanité, aussi devons-nous dire et avons-nous dit qu'ils se trompaient. Mu presque toujours par ses passions, l'homme, en leur obéissant, se persuade aisément qu'il agit dans l'intérêt de la société : tant est faible et sujette à errer cette pauvre raison humaine !

La direction des esprits a échappé à l'autorité du clergé qui parlait seul, qui parlait au nom de la divinité, imposant silence à ses contradicteurs.

Quelle autorité sur la terre peut aujourd'hui se flatter de former, de diriger, de dominer l'opinion publique ! Napoléon Ier, du point de vue élevé ou il était placé, avait reconnu la marche des idées nouvelles. Il se croyait capable et seul capable d'opposer des digues à leur invasion; c'est dans cette pensée qu'il disait, après sa chute, en parlant des souverains alliés : ils me regretteront. — Il s'abusait, il pénétrait mal l'avenir. L'imprimerie si prodigieusement féconde, la vapeur et l'électricité, ces merveilleux agents de communication et d'échange, eussent renversé, peu d'années après leur fondation, toutes les digues qu'il eut pu élever.

Pour remplacer les garanties d'ordre détruites, l'armée ne suffit pas toujours; l'armée participe plus ou moins aux tendances et aux vœux du peuple dont elle est sortie et ne peut pas, en toute circonstance, être opposée avec succès aux soulèvements des populations. Elle est même quelquefois, dans un temps de paix prolongé, un sujet de dangers. Une armée étrangère n'offre pas non plus, dans beaucoup de cas, des moyens suffisants pour comprimer les insurrections : l'Autriche et Naples en fournissent la preuve; à quoi leur ont servi, à l'une, en 1848, ses armées d'Italie en Hongrie, ses armées hongroises en Italie; à l'autre, en 1820, ses dix mille bayonnettes suisses.

Après avoir marché inconsidérément en avant, nous sommes disposés à marcher en arrière d'une manière toute aussi peu réfléchie, donnant d'un excès dans un autre.

Les hommes, il faut l'avouer, sont bien peu stables dans leurs vues. Tout le monde était libéral avant 1848; qui est-ce qui est libéral aujourd'hui? Qui même ose avouer l'avoir été?

Les dispositions libérales ne sont plus de mise par le temps qui court; le mot lui-même semble être banni de notre langue. Les mêmes variations se font aussi remarquer en fait de religion; les apparences de dévotion sont à l'ordre du jour comme elle l'avaient été sous la restauration; les dispositions des esprits étaient toutes différentes après la révolution de 1830.

A une autre époque, on a vu, à la dévotion intéressée et hypocrite de la fin du règne de Louis XIV, succéder la licence irréligieuse de la régence. Toujours et partout, même mobilité dans les esprits ; cependant, dans sa confiance imperturbable en lui-même, l'homme s'imagine toujours que ses opinions du moment sont les seules bonnes, les seules raisonnables et qu'il n'en aura jamais d'autres.

Par suite des idées qui prévalent aujourd'hui, il est des personnes qui seraient disposées à faire bon marché des institutions de liberté ; mais heureusement, ces institutions sont appréciées d'une toute autre manière par un gouvernement qui déclare hautement adopter les principes de 89. Que ces personnes veuillent bien considérer les inconvénients et les abus qui accompagnent presque toujours les gouvernements absolus; qu'elles se reportent aux règnes de Louis XIV et de Louis XV.

Louis XIV poursuivait la chimère de la monarchie universelle, il ruina la France par ses guerres et la mit à deux doigts de sa perte. Plus tard, dominé par une bigoterie aveugle, il laissait s'exercer en son nom des persécutions religieuses qui portaient les plus rudes coups à l'industrie et au commerce de la France.

Louis XV, plongé dans la mollesse et la débauche, abandonnait les rênes de l'État aux mains d'une maîtresse, d'une courtisane que Frédéric II, dans ses plaisanteries caustiques, appelait cotillon Ier, cotillon II ou III. Voilà ce que peut amener le pouvoir sans limites et sans contrôle. Nous nous abstiendrons de citer des faits plus récents, que nous offre le commencement de ce siècle; pour éviter un écueil, n'allons point nous exposer à donner sur un autre.

Aux causes ci-dessus énumérées de révolutions pacifiques ou violentes, viennent se joindre aujourd'hui, la vapeur et l'électricité : — la vapeur qui fait voler nos vaisseaux sur les eaux, et nos voitures sur la terre ; la vapeur qui centuple la puissance productrice de l'homme, et qui, après avoir aidé à la reproduction multipliée des œuvres de l'esprit humain, les porte, les dissémine en tous lieux ; — l'électricité qui, arrivant aux limites extrêmes de toute rapidité, de toute vitesse, ne laisse aucun intervalle entre le départ et l'arrivée de nos missives.

Ces actifs et puissants moyens de relations et d'échange, vont donner une impulsion inouïe aux progrès de la civilisation. Ils vont changer la face du monde.

La transformation qui se produit chez les nations civilisées, est évidente pour quiconque veut se donner la peine d'ouvrir les yeux. Toutes les parties du monde se rapprochent de plus en plus. Les distances si grandes qui séparaient autrefois l'Amérique de l'Europe, se sont amoindries dans une proportion énorme. Ces distances se trouvent aujourd'hui complètement annulées, relativement aux communications que ces deux continents peuvent avoir à se faire. Les lumières, la civilisation, vont rayonner plus activement de l'Europe vers tous les autres points du globe. Les esprits les moins clairvoyants peuvent aisement reconnaître que nous traversons une de ces époques de transition, presque toujours accompagnées de troubles et de désordres, et que les nations européennes ne retrouveront le calme et la tranquillité, que lorsque de nouvelles bases, sur lesquelles doivent se rasseoir les sociétés modernes, auront été fondées de manière à être mises en harmonie avec les changements qui se produisent.

Dans divers passages de cet écrit, nous avons parlé de Napoléon Ier; nous l'avons cité seulement pour des faits en rapport avec les matières dont nous nous occupions. Nous n'avions pas à le considérer sous d'autres points de vue. L'histoire, à laquelle il appartient aujourd'hui, examinera dans son ensemble cette grande existence. Elle dira les immenses services que ce puissant génie a rendus à la France. Impartiale, et pouvant mettre à l'écart tout ménagement et toute flatterie, elle devra ne pas taire les fautes que son ambition lui a fait commettre. Devons-nous le citer encore et faire valoir, en faveur de nos opinions, les derniers actes de sa carrière politique. Pouvons-nous le représenter comme ayant mieux connu, en dernier lieu, les besoins de l'époque, lorsqu'il promulgua l'acte additionnel aux constitutions de l'Empire? A-t-il eu les intentions que des historiens prêtent à Auguste, de rendre la liberté à sa patrie?

Nous ne nous prononçons point à cet égard, le lecteur appréciera les faits que nous rapportons, et en tirera les inductions qu'il jugera convenables.

Nous devons dire que nos appréciations ne sont point fondées uniquement sur des faits récents dont nous avons été les témoins; notre attention s'est portée sur un champ plus étendu : nous avons suivi le cours des événements qui se sont succédé durant un assez grand nombre d'années, et reconnu la marche progressive des idées, nonobstant les fluctuations de l'opinion publique. Ici il est à propos de faire observer que cette reine du monde a des caprices, auxquels on peut, on doit même en certains cas se soustraire; mais qu'elle a des volontés persistantes auxquelles il serait dangereux de ne pas obéir.

Nous avons fait une large part à l'imprimerie, dans la conduite des affaires de ce monde. Il est des personnes qui n'admettront pas l'influence que nous attribuons aux livres et à la presse en général; qu'elles nient donc aussi l'influence des communications que les hommes, que les peuples ont entre eux; car les livres ne sont autre chose que des communications qui sont faites à ceux qui savent lire, et le nombre en est grand, au temps où nous vivons.

Avant d'abandonner la Presse à la proscription dont on voudrait la frapper, nous sera-t-il permis de faire entendre quelques mots pour sa défense ? Oui, la Presse a fait beaucoup de mal, en peut faire beaucoup encore. Journellement elle fournit des armes à la médisance et à la calomnie ; elle produit du scandale, elle peut même troubler la paix du monde. Chaque matin, dans les pays où elle jouit d'une liberté qui va jusqu'à la licence, un journaliste peut faire descendre de leur trône tels ou tels souverains, les placer sur la sellette, et publier, d'un bout du monde à l'autre, les faits vrais ou faux qui leur sont reprochés. Le public se trouve appelé à apprécier, sans pouvoir les vérifier, les accusations justes ou injustes portées contre eux. A une autre époque de pareilles publications auraient enfanté la guerre. Dans des circonstances récentes, la guerre n'a point surgi, un autre effet s'est produit. La paix maintenue nonobstant des attaques violentes, a révélé, chez le Prince qui en était l'objet, une grande modération et une haute sagesse : ces faits, et cent autres peuvent être énumérés contre la Presse, mais pour être juste, on ne doit pas oublier les bienfaits dont nous lui sommes redevables.

Qui, dans beaucoup de cas, empêche les guerres? Qui traduirait, au ban de l'Europe, le malencontreux conquérant qui viendrait pour troubler la paix du monde? C'est la Presse ! Qui prévient et arrête des actes de tyrannie autrefois si communs, aujourd'hui si rares parmi les souverains de l'Europe, et chez les grands seigneurs? C'est la Presse. A qui devons-nous, plébeïens que nous sommes, de n'être plus taillables et corvéables à merci et miséricorde ? A qui devons-nous de voir les lumières et un peu plus de raison, remplacer les ténèbres de la barbarie? C'est à la Presse ! Dans l'avenir, qui fera tomber les croyances absurdes répandues sur toute la terre, croyances d'autant plus tenaces, qu'elles blessent davantage le bon sens et la raison ? Qui fera triompher partout les principes civilisateurs de l'Évangile? C'est la Presse. Comme le soleil, elle éclaire, elle vivifie, mais, comme lui aussi, elle peut éblouir, elle peut aveugler. S'en suit-il qu'on doive se priver de son action bienfaisante? Non assurément, il ne doit pas être impossible de se garantir, par une législation bien combinée, des mauvais effets de la Presse. Nous ne pouvons être comme ces communautés religieuses dans lesquelles, pour conserver l'ordre et la paix, on n'a trouvé d'autre expédient que celui d'interdire la parole. Nous admettrons cependant que, quelquefois et pour un temps limité, les principes doivent fléchir devant la gravité des circonstances. Espérons que bientôt les progrès de l'esprit public nous permettront de pouvoir être, sans danger, éclairés par une discussion libre. Qu'on veuille bien porter son attention sur les inconvénients que peuvent présenter, dans certains cas, des restrictions trop grandes, apportées à la liberté des journaux. Lorsque les principaux organes de la publicité sont asservis, les esprits sont inévitablement faussés dans le sens des passions du pouvoir dominant. Ainsi sous un chef militaire, le peuple ne rêve que guerres et conquêtes ; sous une domination sacerdotale exclusive, les populations croupissent dans l'ignorance et le fanatisme. Dans ces cas il n'est toléré, ni contradiction, ni libre examen, l'approbation seule est permise. Et sans contrôle, nous le redisons, tout pouvoir humain doit tomber dans l'erreur.

Des hommes infaillibles peuvent seuls faire exception à cette règle, et Dieu sait s'il en est de tels sur la terre.

Ces vérités paraîtront triviales tant elles sont simples, et pourtant il en est tenu si peu compte, qu'on serait disposé à les croire ignorées.

Quels sont donc les moyens à employer pour prévenir les explosions révolutionnaires : ceux qui ont réussi, devons-nous dire.

L'Angleterre nous offre des exemples qui doivent attirer notre attention au plus haut degré; ses hommes d'État ont su préserver leur pays par des concessions faites à propos, des révolutions qui ont, depuis un siècle, affligé les autres États de l'Europe.

Nous admirons, nous en faisons l'aveu, le gouvernement de ce puissant empire qui n'a rien à souffrir, ni des tendances arbitraires de ses rois, ni de leur faiblesse, et qui trouve, sous le sceptre d'une jeune fille ou d'un débile vieillard, une protection égale pour l'ordre et pour la liberté.

Il est bien entendu qu'il ne peut être question ici d'une imitation servile du gouvernement anglais, chaque État devant avoir des lois en rapport avec l'esprit de ses populations; des lois différentes peuvent mener au même but, c'est-à-dire à des institutions de liberté, but inévitable suivant nous.

Toutes les formes de gouvernement, nous devons le reconnaître, présentent à la fois des avantages et des inconvéniens. Sous les gouvernements absolus, les intérêts du pays sont fréquemment perdus de vue et méconnus ; le pouvoir absolu rapportant tout à lui, sous ce gouvernement les peuples restent stationnaires ou même rétrogradent ; mais d'un autre côté, avec un gouvernement de liberté, les peuples sont souvent dans l'agitation et veulent presque toujours arriver à plus de liberté que leurs mœurs n'en peuvent comporter. Quoiqu'il en soit, les gouvernements de liberté prévaudront. Le temps et l'expérience devront amener dans la forme de ces gouvernements, des modifications favorables au maintien de l'ordre.

Nous ne sommes point avec ceux qui voudraient le régime de liberté des États-Unis, ou celui des Anglais avec leur presse sans frein qui n'engendrerait parmi nous que troubles et désordres. Nous ne sommes point avec ceux qui, découragés et ne croyant plus à la liberté, ne voient l'ordre possible qu'avec un gouvernement absolu.

Nous aimons la liberté, mais nous ne la voulons

qu'autant qu'elle se montre accompagnée de l'ordre. Il serait difficile, avec le degré de civilisation où sont parvenus les peuples de l'Europe, de les tenir en dehors de toute participation aux affaires publiques et à la confection des lois.

En se donnant des gouvernements de liberté, les peuples amélioreront-ils leur sort ? C'est une question dont la solution affirmative, peut rencontrer des contradicteurs. Quoiqu'il en soit, nous croyons pouvoir affirmer que les peuples continueront de marcher dans la voie où ils sont engagés. Si, malgré l'exemple des horribles excès de 1793, se sont produites les révolutions de 1830 et de 1848, quels sont les événements qui seraient susceptibles de rendre les peuples plus sages et les gouvernements assez éclairés, assez prévoyants pour faire les concessions que les progrès de la civilisation rendent inévitables, et assez fermes en même temps pour réprimer les tentatives de la démagogie.

A quoi bon ces recherches, ces préoccupations,

nous diront quelques lecteurs. La force, la force matérielle suffira pour empêcher les révolutions. Nous ne sommes pas de cet avis, nous l'avons déjà dit. Nous croyons qu'aujourd'hui plus que jamais, l'empire des idées prévaudra sur l'empire de la force. De puissantes armées ne manquaient pas à l'Autriche et aux autres gouvernements de l'Allemagne en 1848. Ils n'ont pas été pris par surprise et à l'improviste, ils ont dû voir arriver la révolution et se mettre sur leurs gardes, et cependant ils n'ont pu résister à l'invasion du torrent révolutionnaire. La censure et les armes se sont trouvées impuissantes à prévenir ou à arrêter le fléau.

Nous nous résumons. Tout se tient, tout se lie, tout s'enchaîne dans ce bas-monde. Les rapports entre les peuples ne sont plus ce qu'ils ont été;

leurs guerres n'offrent plus les mêmes résultats; leur commerce et leur industrie les rendent utiles et nécessaires les uns aux autres; leurs intérêts sont solidaires, les relations d'individus à individus sont aussi toutes différentes de ce qu'elles étaient dans le passé. Un abîme infranchissable ne sépare plus l'homme du plus haut rang de l'homme de la classe la moins élevée. Il y a là une transformation évidente; il doit s'en suivre un changement correspondant dans la forme des gouvernements. Tout concourt à le produire.

Les débats de la place publique s'accordent mal avec le pouvoir absolu. Le Forum est partout où pénètre un journal indépendant. Le pouvoir absolu a fait son temps en Europe; il ne peut plus s'établir d'une manière stable là où a régné la liberté. Et si nous avons vu, vers la fin du siècle dernier, succéder à un régime de liberté, des régimes tout différents, cela a tenu à un état de guerre continu et à l'absence de toute communication avec un pays libre. Le pouvoir absolu ne se maintient encore dans quelques États de l'Europe, qu'au moyen d'une compression qui doit aller toujours croissante, jusqu'à ce qu'elle ait amené une explosion révolutionnaire. Le pouvoir absolu est miné dans les bases sur lesquelles il repose. L'armée, les privilèges, l'autorité sacerdotale ne lui offrent que des appuis insuffisants. S'il s'établit dans quelques pays ayant joui de la liberté, ce ne peut être que temporairement et par suite de nécessités momentanées; en outre, à la condition de satisfaire, sous beaucoup de rapports, aux vœux des populations.

De tout ce qui précède nous concluerons, que les gouvernements se trouvent aujourd'hui dans la nécessité d'opérer des réformes en rapport avec l'esprit du temps et de marcher dans le sens de l'opinion publique, lorsque cette opinion a acquis un caractère positif de généralité et de persévérance ; nous ne comprendrons point dans cette catégorie ces vœux factices, mobiles et passagers qui, produits un jour, sont le lendemain contredits par des vœux opposés ; que la résistance absolue à la marche progressive des idées et à leur applicatiou graduelle et modérée, doit déterminer des explosions révolutionnaires ; que, s'il n'est pas toujours possible de prévenir les révolutions, on peut au moins, par de sages mesures, diminuer les chances de les voir éclater.

Nous devons reconnaître en même temps, qu'une répression énergique entre, dans certains cas, dans les obligations impérieuses des Gouvernements; c'est aux hommes d'état qu'il appartient d'apprécier cette pénible nécessité.

En terminant, nous croyons pouvoir dire que les opinions que nous avons émises, relativement aux institutions de liberté, considérées comme devant être nécessairement et généralement adoptées, sont conformes à celles des écrivains les plus distingués de notre époque ; et si ce n'est assez en leur faveur, nous ajouterons qu'elles sont celles d'un souverain, haut placé parmi les têtes couronnées, et que ces mêmes opinions ont prévalu dans plusieurs congrès européens.

A l'appui de ce que nous avançons ici, nous citerons ce qui se passe sous nos yeux, à l'égard des provinces danubiennes, dont les libertés publiques rencontrent un auguste défenseur. Nous citerons aussi les royaumes de Grèce et de Belgique qui, sous la protection des grandes puissances, se donnèrent des Gouvernements de liberté.

FIN

Châtellerault. — Typ. A. VARIGAULT.

www.ingramcontent.com/pod-product-compliance
Ingram Content Group UK Ltd.
Pitfield, Milton Keynes, MK11 3LW, UK
UKHW022136260726
13993UKWH00003B/1483